AF312171

A

LEPERDIT

Ancien Maire de Rennes

NOTICE BIOGRAPHIQUE

VENDUE AU PROFIT DE L'ŒUVRE

ALPH. LE ROY, IMPRIMEUR A RENNES

LEPERDIT

N 1838, c'est-à-dire quinze ans après la mort
de Leperdit, un écrivain breton, Émile Souvestre, publia, dans la *Revue des Deux
Mondes,* sur l'ancien tailleur, maire de
Rennes, un remarquable article qui captiva
d'autant plus l'attention que cette belle figure de
la Révolution était alors presque complètement oubliée.

David d'Angers, le grand statuaire, écrivit aussitôt
à la municipalité de Rennes pour lui proposer de faire
gratuitement en marbre ou en bronze la statue de
Leperdit.

Sur un rapport présenté par M. Hamon, avocat et
conseiller municipal, cette offre fut acceptée avec empressement ; mais, soit que l'artiste angevin ait oublié

sa promesse, soit que le temps lui ait manqué, la mort l'a frappé avant que la statue ait été faite.

Dix ans plus tard, lorsque la Révolution de 1848 éclata, et que M. Hamon, dont nous venons de parler, fut nommé commissaire du gouvernement à Rennes, sa première pensée fut pour Leperdit. Il y avait d'ailleurs une grande affinité d'idées et de caractère entre ces deux hommes : républicains sincères, aimant la liberté et la patrie de tout leur cœur, ils rendirent tous les deux, à des époques difficiles, des services analogues à leurs concitoyens.

Leperdit et Hamon sont morts, oubliés de ceux-là même à qui ils avaient fait le plus de bien.

Nous disions donc que la première pensée du nouveau préfet d'Ille-et-Vilaine, en 1848, fut pour Leperdit. Et en effet, M. Hamon organisa, à Rennes, une fête patriotique, dont les journaux de l'époque font un récit merveilleux et qu'il nous a paru utile de reproduire ici :

Solennité du 9 avril 1848.

« Hier notre ville a été émue par l'une des plus saisissantes manifestations que nous ayons vues. Dès la veille, des députations de gardes nationaux venues de divers points du département étaient successivement entrées à Rennes, escortées par des détachements de notre légion. Dans la nuit, et dès le commencement du jour, de nouvelles délégations se présentaient pour prendre part à la fête patriotique qui se préparait.

« A 11 heures 1/2, la garde nationale a pris les armes, et, comme aux premiers beaux jours de 1830, ses compagnies, nombreuses, compactes, couvraient la vaste place du Palais. A midi, le Maire a fait procéder à la reconnaissance des officiers, puis, réunissant les officiers au centre, M. Pongérard a prononcé un discours qui a été accueilli avec une vive sympathie.

« La légion s'est ensuite formée en colonne et s'est rendue au Mail, où étaient rangées en bataille les députations du département, parmi lesquelles figuraient, au nombre de plus de trois cents, les délégués de la légion rurale de Saint-Aubin d'Aubigné, l'une des rares légions rurales de France. Il est difficile de rendre le coup d'œil qu'offraient, sous ce vaste berceau de verdure naissante, ces nombreux drapeaux que saluaient en passant nos airs patriotiques. A droite, le 62° de ligne, le régiment d'artillerie, l'escadron du train des parcs formaient une autre ligne imposante de troupes en bataille.

« A peine arrivée, la garde nationale a été passée en revue, ainsi que la garnison, par le lieutenant général Duvivier et le Commissaire du département. Alors, les officiers et sous-officiers réunis au centre, le citoyen Hamon s'est placé sous les drapeaux de la légion et a lu un fort beau discours.

« Les cris de Vive la République ! ont répondu à cette manifestation.

« Les troupes se sont alors massées et le défilé a commencé. Il a duré près de trois quarts d'heure, et l'on ne s'en étonnera pas, si l'on songe que plus de six mille hommes armés étaient groupés sur le Mail.

« De ce point, les gardes nationales et la garnison se sont rendues sur la place de la Mairie et dans les rues adjacentes.

« La troisième partie du programme de la journée allait recevoir son exécution. Un détachement de toutes les compagnies et de toutes les armes s'est formé, et précédé des drapeaux ainsi que des musiques, il s'est mis en marche vers la maison de notre sculpteur Barré, où l'attendaient tous les corps de métiers.

« Bientôt il est revenu sur la place de la Mairie, et nous ne pourrions rendre l'effet produit sur les citoyens par l'aspect de ce cortège imposant. En avant de la garde nationale marchaient les Corporations des ouvriers, précédées de bannières tricolores, aux formes variées, chargées d'attributs industriels et d'inscriptions belles par leur simplicité ; noms modestes, noms des travailleurs qui, de cent manières diverses, versent sur le pays les produits de leur force et de leur intelligence. Puis, au milieu de cette foule calme, heureuse de jouer le principal rôle dans la fête républicaine, s'avançait un groupe tout fier de porter sur ses épaules le colossal buste du grand citoyen, dont l'image est pour chacun le symbole de tout ce qu'il y eut de pur, de noble, de patriotique dans cette révolution, dont l'histoire n'a jusqu'ici enregistré que les excès.

« Leperdit ! que ce nom est éloquent pour nous autres qui avons, enfants encore, entendu raconter de lui à nos pères mille traits dignes des beaux jours d'Athènes et de Sparte.

« Leperdit, un modeste tailleur à façon, qui devint

maire de Rennes, alors qu'il fallait, pour accepter cette triste mission, un de ces dévouements qui, un jour peut-être, passeront pour fabuleux.

« Leperdit, qui fit admirer sous la modeste écharpe municipale une âme héroïque, une volonté inébranlable dans le bien, des paroles telles qu'on n'en compte que çà et là dans toute l'histoire ancienne.

« Leperdit, qui, la révolution passée et l'empire venu, reprit, plus grand cent fois que Cincinnatus, non la charrue, mais les modestes instruments de son métier, et redevint simple artisan dans une ville qui lui devait plus qu'un fils ne doit à son père.

« La main habile de Barré, inspirée de quelques souvenirs de famille, avait évoqué cette figure historique.

« Elle apparaissait calme et digne et semblait s'approcher pour monter encore une fois les degrés de cette municipalité où son sang coula pour ses concitoyens !

« Sur le seuil du palais municipal, le noble vieillard a été reçu par le dernier de ses successeurs qui, tête nue, l'a précédé dans la galerie de réception ! Pourquoi nous en cacherions-nous, nos pleurs ont coulé quand nous avons vu Leperdit entrer dans cette salle d'où, pendant quarante ans, il fut proscrit, et s'avancer lentement vers le piédestal où bientôt il a reposé, aux applaudissements d'une foule agitée de ces sentiments doux et tristes à la fois qui résument une telle solennité.

« Derrière la statue se sont groupés le commissaire du département, les généraux, les autorités. Aux deux

*

côtés, les porte-drapeaux et les officiers de la garde nationale et des députations; en avant, la foule des ouvriers, rangés sous leurs bannières. Alors, au milieu
d'une émotion difficile à décrire, M. Pongérard a prononcé, d'une voix accentuée, le discours suivant :

CITOYENS,

« Nous venons inaugurer aujourd'hui, dans la grande
salle de la Mairie, le buste d'un ancien maire de Rennes,
de Leperdit. C'est un hommage rendu à sa mémoire,
un utile exemple donné à ceux que la confiance de
leurs concitoyens investit de l'honorable tâche d'admi-
nistrer la cité. C'est une leçon éloquente que le passé
apporte à la génération présente. — Je voudrais placer
sous vos yeux la vie tout entière de l'homme dont l'i-
mage déposée dans cette enceinte semble devoir désor-
mais présider à nos délibérations, mais il n'est personne de vous qui ne connaisse cette vie, dont plusieurs
historiens de notre Bretagne se sont plu à retracer les
faits. Les raconter après eux, ce serait vous dire ce que
vous savez déjà. Je me borne à rappeler à votre souvenir quelques-unes de ces actions courageuses qui ont
surtout mérité à notre concitoyen l'honneur que vous
lui rendez en ce moment.

« Leperdit, né en 1752, d'une famille de laboureurs
des environs de Pontivy, vint à Rennes, vers l'âge de
dix-huit ans, exercer la profession de tailleur. Il avait
été élevé dans des principes de religion et de morale qui
avaient développé et fortifié ses heureuses qualités natu-
relles, et qui, plus tard, devinrent pour lui un guide

infaillible de conduite dans les circonstances difficiles qu'il eut à traverser.

« Jusqu'en 1789 il mena la vie la plus modeste. Uniquement occupé des soins de sa famille, il s'y livrait sans autre préoccupation que celle de mériter, par sa probité et la régularité de ses mœurs, l'estime de ceux qui le connaissaient. La révolution le trouva dans cette situation. Les idées qui prévalaient alors avaient obtenu toutes ses sympathies ; il avait salué, dans l'ère qui commençait, le triomphe de ces lois éternelles qui consacrent la liberté et la dignité humaine.

« La considération publique que lui avaient conciliée sa vie honnête et la droiture de son esprit le firent bientôt désigner pour remplir les fonctions d'officier municipal. Les mauvais jours étaient proches ; Leperdit accepta ces fonctions, non par ambition, personne plus que lui n'en était exempt, mais par dévouement, et lorsqu'on vint lui dire que ses concitoyens l'avaient choisi : Je n'ai pas le droit de refuser, dit-il, puisqu'il y a du danger.

« L'occasion de prouver la fermeté de son caractère et les rares vertus de son âme ne tarda pas de s'offrir à lui. La France était en 1793, époque de douloureuse mémoire ; au dehors, la guerre étrangère ; au dedans, les divisions de partis, l'absence de tout ordre et de tout frein ; les lois de suspects et les mesures violentes décimaient la population et armaient les citoyens les uns contre les autres. Vous comprenez, citoyens, quel devait être, au milieu de ces calamités publiques, le rôle du maire de Rennes : arrêter l'élan des passions mauvaises, faire respecter les seules et dernières garanties qui restaient encore à la société, tel était le devoir rigoureux qu'il avait à remplir. Il ne faillit pas à cette œuvre ; son intelligence s'éleva au niveau des événements ; sa force morale grandit dans le péril, et bientôt il domina une situation qui l'eût, au contraire, promptement dominé, si son cœur avait été moins résolu et s'il n'avait été intérieurement éclairé des lumières de la conscience.

« C'est ici que je place le récit d'un de ces actes d'humanité et de courage qui ont fait le plus d'honneur à Leperdit, et qui ont laissé la trace la plus profonde dans le souvenir de la cité :

« Les fédéralistes étaient en grand nombre dans le département. Carrier, envoyé à Rennes par la Convention, avait pour mission spéciale de sévir contre ce parti. Sous l'influence de la terreur, une liste de proscription fut dressée à la hâte ; on la présenta à Leperdit.

« Vous avez oublié un nom, dit-il ?

— Lequel !

— Le mien !... car la plupart de ceux que vous avez inscrits sont ceux de mes frères d'opinions, qui ont combattu comme moi pour la liberté !.... Cette liste est un bon pour le bourreau, ajouta-t-il, je ne la signerai pas ! Et déchirant la liste : Adieu, frères, dit-il, je vais trouver Carrier :

— M'apportes-tu la liste, lui demanda celui-ci dès qu'il l'aperçut.

— Non !

— Pourquoi ?

— Parce que je ne veux pas qu'on la fasse ! »

Carrier, dit l'histoire, se leva comme un lion blessé.

« Qui donc, de toi ou de moi, commande ici ? s'é-
cria-t-il.

— Ni l'un ni l'autre, répliqua Leperdit ; c'est la justice
qui commande, et elle défend de frapper ses frères. Fais
toi-même cette liste si tu veux, nous ne sommes pas
des dénonciateurs !

— Et si je t'envoyais pourrir en prison ?

— J'irais.

— Et si je te faisais guillotiner ?

— Tu es libre. »

Cette résistance calme irritait la colère de Carrier,
mais sans lui fournir le moyen de s'exprimer.

« Retourne à la Mairie, dit-il, je t'y consigne.

— C'est inutile, répondit Leperdit ; je n'ai pas
d'autre domicile depuis un mois. »

Il se rend à la Mairie, mais Carrier ne parle plus de
la liste de proscription, et bientôt après il quitte Rennes.

En partant, il dit au Maire, avec un accent de me-
nace : « Je reviendrai.

— Tu me trouveras », répondit celui-ci.

« Je ne crois pas, Messieurs, que l'histoire nous offre
un plus bel exemple de courage civique. Leperdit ne
s'arrêta pas dans cette voie d'humanité ; proscrits de
toute sorte trouvaient en lui un sauveur. Partout il
interposait son autorité pour les soustraire au supplice.
Son âme généreuse, fécondant le passé, lui dictait de
ces mots heureux, de ces réponses pleines de sens et
d'à-propos qui désarmaient la défiance et calmaient la
fureur.

« Sorti de son atelier de tailleur pour veiller aux
intérêts de ses concitoyens, il accomplit cette tâche
honorable et difficile avec un zèle et un dévouement
qui a trouvé sa récompense dans l'estime générale.
Sans ambition comme sans regrets, il quitta les hon-
neurs et reprit ses habitudes simples et laborieuses.
Que de fois nous l'avons vu à son établi arrêter un
instant son aiguille pour répondre de ce sourire du
vieillard heureux de la pureté de sa conscience, aux
marques de respect que lui donnait avec empressement
le passant qui connaissait sa vie si noble et si bien rem-
plie.

« C'est un beau jour pour les descendants de Leperdit, celui où la pensée d'un hommage public à rendre
à sa mémoire est enfin réalisée, et vient ajouter à l'honneur déjà rendu par la première administration municipale, après 1830, en donnant à une des rues de la
ville le nom de Leperdit.

« C'est un spectacle consolant, citoyens, au milieu de
ces troubles funestes des temps passés, que celui d'un
homme de bien luttant courageusement, résistant au
crime de toute son énergie, et sacrifiant sa vie pour la
sauvegarde de ces imprescriptibles droits de la nature,
hors desquels les sociétés comme les individus ne trou-
vent ni repos ni sécurité.

« Nous vivons aussi, citoyens, dans un temps de
rénovation politique ; mais, depuis un demi-siècle, l'ex-
périence et la réflexion ont mûri les hommes ; elles leur
ont appris que l'ordre est le seul fondement possible
de la liberté, et que des institutions, quelque parfaites
qu'elles soient, ne peuvent subsister qu'autant que tous

les citoyens donnent, comme Leperdit, l'exemple de la résistance au mal et de l'obéissance aux lois de l'humanité d'abord, et ensuite à celles établies par la volonté nationale.

« Telles sont les conditions essentielles de stabilité pour toute société organisée, et c'est aussi dans ce sens que doivent être entendues et développées ces sages maximes que nous avons adoptées pour devise, et qui se résument dans ces trois mots : *Égalité, Liberté, Fraternité.*

« Faisons donc en sorte de nous bien pénétrer de ces maximes, et de bien connaître les vertus qu'elles nous commandent, si nous voulons nous montrer les dignes concitoyens du républicain pur et généreux dont nous honorons en ce moment la mémoire.

« Les cris de Vive la République ! Vive Leperdit ! se sont mêlés à ceux de Vive le Commissaire ! Et nous aussi nous confondons avec plaisir ces deux cris : le citoyen Hamon, pourquoi le tairions-nous, car ce n'est pas nous qu'on suspectera de flatterie à son égard, le citoyen Hamon était heureusement placé là près de Leperdit : grâce à lui nous jouissons du développement calme de la liberté nouvelle, et la cité est heureuse de devoir à l'un de ses enfants une paix et une union qu'envient aujourd'hui tant d'autres villes. »

Jean LEPERDIT, fils posthume d'Olivier Leperdit, cultivateur, et de Marie Lepliant, naquit à Kergrisel, près Pontivy, le 5 mai 1752.

Ses parents, paysans aisés, voulaient lui faire donner de l'instruction, le destinant à la prêtrise. L'enfant refusa : « Les séminaristes, » dit-il, « oublient leurs parents pour ne songer qu'à leur sacerdoce ; moi, je ne veux pas être prêtre de peur de moins aimer ma mère. »

A quatorze ans, il apprit l'état de tailleur, et à dix-huit il s'en alla faire son tour de France en commençant par Rennes.

Après avoir parcouru une grande partie du royaume, sa canne de compagnon à la main, il revint en 1780, par un hiver rigoureux, se fixer à Rennes en qualité de tailleur à façon. C'est ainsi qu'on désignait alors les maîtres-tailleurs de notre ville.

C'était un vaillant ouvrier, sobre et rangé, réalisant quelques économies qui lui permirent de prendre femme dès 1783. Il se maria le 11 février, en l'église de Saint-Étienne, à une orpheline originaire de la commune de Cesson, mais qui était domiciliée dans la paroisse de Saint-Aubin de Rennes. Elle se nommait Guillemette-Perrine Poupin et était fille de Pierre Poupin et de Jeanne Passé.

A l'entrée de la rue d'Échange, en face de la porte de l'église Saint-Aubin, le passant remarque une vieille petite maison de bois, assez originale, avec pignon sur rue, dont le rez-de-chaussée est occupé par une épicerie, c'est là que demeurait le tailleur Leperdit. C'est là qu'il éleva sa famille, « gagnant chaque jour le repas du lendemain, faisant sa part plus petite quand un malheureux venait lui dire qu'il avait faim, travaillant six jours sans relâche, et trouvant sa joie à sortir le septième avec un enfant à chaque main. »

Les jeunes gens des écoles qui se faisaient habiller chez Leperdit ne tardèrent pas à apprécier cette nature intelligente et loyale qui avait su par son honnêteté et la noblesse de son caractère inspirer à tous le respect et la considération. Il devint promptement l'ami de cette jeunesse enthousiaste qui, lorsque la Révolution éclata, salua avec joie la justice attendue.

« C'était, » dit M. Hamon, « autour de l'établi du tailleur que ces jeunes gens se pressaient pour recevoir ses encouragements et ses conseils. Cette table devint comme une chaire de vertus civiques, et de cette école sont sortis plusieurs hommes dont l'illustration a honoré leur ville natale. »

Moreau, prévôt de l'École de droit, et Bernadotte, alors sergent de royale marine, venaient eux aussi causer politique dans cette petite maison du contour Saint-Aubin. Leperdit les écoutait, approuvait ou désapprouvait les idées émises par celui qui devait être un jour général de la République et par son ami le futur roi de Suède.

Ces causeries servirent plus tard de thèmes aux articles incisifs qui parurent dans la *Sentinelle du Peuple,* journal que le philosophe Volney imprima clandestinement dans les caves du château de Maurepas.

Leperdit ayant été l'un des premiers à défendre les droits du peuple, on vint lui offrir un grade. Il répondit : « Que les plus capables commandent, mon rôle à moi est d'obéir. »

On le nomma, sans le consulter, membre du comité

du Salut public, ainsi que nous le voyons par la lettre suivante qui nous a été communiquée par sa petite-fille, Mlle Brevelet :

« Rennes, le 3 may 1793 (l'an 2 de la République).

« Au citoyen Leperdit,

« Le Conseil général de la commune vous invite,
« citoyen, comme membre *du comité de Salut public*
« à vous réunir le plus tôt possible à vos collègues
« pour commencer les fonctions qui vous sont attri-
« buées par la loi et dont il est urgent de vous occu-
« per. Il vous indique provisoirement pour le lieu de
« vos séances la salle du collège où s'assemble le bu-
« reau d'administration. Si vous trouvez un local qui
« vous paraisse plus convenable, vous voudrez bien
« l'indiquer au Conseil de la commune qui fera ce qui
« dépendra de lui pour vous satisfaire.
« *Les maire et officiers municipaux membres de la*
« *correspondance,*

« Duplessis, *maire.* »

Les événements marchaient, le peuple souffrait, et sa colère augmentait chaque jour. La guerre civile éclatait de toute part, la disette était partout.

En septembre 1793, le farouche proconsul Carrier était à Rennes. Il nomma lui-même le citoyen Elias en qualité de maire de notre ville, et quatorze officiers municipaux parmi lesquels figurait Leperdit, qui lui avait été désigné par l'opinion populaire la plus avancée.

L'inauguration de la nouvelle administration eut lieu le 20 septembre 1793.

Leperdit avait, dans le service municipal, l'attribution spéciale des prisons et du casernement. Il ne comprenait pas que l'on maltraitât de pauvres gens qui souvent étaient innocents, et il ferma parfois les yeux sur des évasions qui étaient rendues faciles par le mauvais état des prisons. Carrier, furieux, ordonna à Leperdit de serrer de plus près les prisonniers, notamment les émigrés et les prêtres.

« Je ne puis, dit l'officier municipal, les traiter comme des condamnés.

— Ces gens-là sont hors la loi.

— Ils ne sont pas hors l'humanité ! » répondit l'honnête citoyen.

Des hospitalières de l'Hôtel-Dieu soupçonnées de connivence avec les chouans avaient été incarcérées à la Tour-le-Bat, rue Saint-François. Leperdit, en faisant son inspection, les trouva en prison et s'écria : « Que faites-vous ici? votre place est près des malades? retournez-y promptement. »

Il ordonna au geôlier d'ouvrir les portes, et reconduisit les religieuses jusqu'à l'hôpital.

Carrier n'était pas dupe de cette humanité, et il eût volontiers sévi contre Leperdit, mais le tailleur était populaire, et le frapper eût été une mesure imprudente. Pour le compromettre, Carrier prit, le 1er octobre 1793, un arrêté rendant responsable des évasions qui pourraient se produire les autorités qui s'en seraient rendues complices. Il ordonna en outre de faire préparer dans le délai de deux jours — chose impossible — une prison à dix lieues de Rennes pour renfermer tous les suspects.

Ce fut vers cette époque que le proconsul demanda une liste de proscription que Leperdit refusa. Les paroles échangées entre l'homme sanguinaire et l'officier municipal ayant été racontées plus haut par M. Pongérard, nous n'avons pas à les rappeler ici.

Le 4 ventôse an II (22 février 1794), le citoyen Elias fut destitué de ses fonctions de maire de Rennes et remplacé par Leperdit, qui n'accepta ce poste que parce qu'il y avait des services à rendre et des dangers à courir.

Voulant donner l'exemple de tous les sacrifices, il transforma son atelier en caserne et y logea des soldats qu'il nourrissait avec les économies qu'il avait si péniblement amassées. Ses amis inquiets lui disaient :

« Que laisserez-vous à vos enfants?

— Mon exemple à imiter, » répondait-il.

*
* *

Bientôt eut lieu un des plus beaux actes de la vie de Leperdit :

Les campagnes royalistes cachaient leurs blés, la disette était complète, le peuple mourait de faim.

Des misérables répandaient le bruit que les membres de la commune spéculaient sur les grains, et comme la misère rend crédule, la populace, assemblée sur la place de l'Hôtel de ville, demande le maire avec des cris menaçants. Du pain! du pain! crie-t-on de tous côtés.

Leperdit veut descendre pour calmer les plus exaltés. Ses amis cherchent à l'en empêcher, mais ne réussissent pas.

Au moment où il ouvre la porte de la Mairie, l'officier de garde veut faire sortir le poste pour protéger le magistrat. « Non, non, » dit Leperdit, « je ne viens pas pour les faire reculer devant les baïonnettes, mais devant la raison. Reste ici, citoyen; je sortirai seul. On ne tue pas si vite que tu le crois un honnête homme. Je ne veux d'autre arme que mon écharpe. »

Il s'avance seul; mais aussitôt une bande de misérables excite la populace qui lui lance des pierres. L'une d'elles l'atteint au front. Le sang coule et le peuple, épouvanté de ce qu'il vient de faire, baisse les yeux.

« Mes amis, » dit Leperdit en souriant, « je ne puis « malheureusement, comme le Christ, changer ces « pierres en pain. Quant à mon sang, je vous le don- « nerais avec joie jusqu'à la dernière goutte, s'il pou- « vait vous nourrir. »

A ces mots sublimes la foule pleure et Leperdit en profite pour justifier la commune et rappeler ce qu'elle a fait et ce qu'elle compte faire pour ramener l'abondance.

Alors on l'entoure, on lui baise les mains et on le porte en triomphe jusque chez lui.

Un autre jour, un représentant venu en mission à

Rennes invite le maire à déjeuner. La disette durait toujours et le peuple manquait de pain. Leperdit arrive, et voyant sur la table des mets de toutes sortes et du pain blanc, ce qui était alors interdit, il reprend son chapeau et dit, en s'en allant, avec sévérité, aux personnes présentes : « Si le peuple voyait ce que vous « mangez, il vous jetterait par la fenêtre, et il aurait « raison. »

Un chroniqueur du temps dit que « quelques mains nobles, avec une généreuse confiance, déposèrent dans celles du Maire républicain des sommes qui s'élevèrent à 2,490 fr. 15 sous pour être distribuées aux pauvres à sa volonté, sans être tenu d'en rendre compte. Ces dons confiés à lui seul furent portés sur les registres de la municipalité, et quand les bienfaits répandus, sans distinction de misères, eurent épuisé la somme, Leperdit se présenta au Conseil comme un simple comptable et soumit à ses collègues qu'il choisissait pour juges, la liste des indigents secourus par lui, avec la quotité allouée à chacun d'eux. Le Corps municipal, sur les conclusions du procureur de la commune, répondit par ces mots inscrits sur son registre des délibérations : « Les personnes qui ont donné des aumônes à distri- « buer au citoyen Maire savaient qu'il était incapable « de les faire tourner à un autre usage. »

Des visites domiciliaires étaient faites à chaque instant. Dans la crainte que les agents commissent des erreurs regrettables, Leperdit les accompagnait le plus souvent possible.

Dans une maison où ils étaient ainsi à la recherche de suspects, Leperdit ouvrit un placard et aperçut deux prêtres qui s'y trouvaient cachés. Il s'empressa d'en refermer la porte et dit aux agents qu'il n'y avait rien dans cette pièce et qu'il fallait opérer des recherches dans les autres appartements.

Nous n'en finirions pas s'il fallait énumérer toutes les belles actions accomplies par le grand citoyen.

Bientôt les temps changèrent, la tourmente révolutionnaire s'apaisa, le calme revint et l'abondance reparut.

Le 14 brumaire an IV (5 novembre 1795), il fut procédé à l'élection d'une nouvelle municipalité. Les sections réunies, conformément à la nouvelle Constitution, choisirent trente-deux électeurs pour nommer cette municipalité. Le suffrage électoral désigna M. Jouin en qualité de Maire. Les services rendus par Leperdit furent oubliés et l'honnête républicain, qui avait sauvé la vie à tant de ses concitoyens, fut l'objet de la plus noire ingratitude...

Il avait été Maire de Rennes pendant 21 mois.

Une lettre trouvée dans les papiers de Leperdit, et que nous avons sous les yeux, nous apprend qu'en 1799, l'ancien maire de Rennes était capitaine des grenadiers de la garde nationale.

Voici cette lettre :

LIBERTÉ, ÉGALITÉ, FRATERNITÉ, CONSTITUTION

Rennes, le 5 fructidor an VII de la République
française, une et indivisible.

*L'Administration centrale du département d'Ille-et-
Vilaine, au citoyen Leperdit,*
capitaine des grenadiers de la garde nationale.

« La réputation de civisme et de probité dont vous
jouissez, nous a déterminé, citoyen, à vous choisir
pour être l'un des membres du jury que la loi a établi
pour l'assiette de l'emprunt forcé de cent millions.
Vous voudrez donc bien vous trouver, le 19 de ce
mois, terme prescrit, aux neuf heures précises du
matin, dans le lieu des séances de l'administration dé-
partementale, afin de travailler de suite et sans relâche
aux opérations importantes que la loi vous confie.

« Si vous êtes sujet à cet emprunt, nous vous prions
de nous en instruire au reçu de la présente, pour que
nous vous remplacions sur le champ.

« Nous comptons trop sur votre attachement à la
chose publique pour n'être pas persuadé que vous ne
nous mettrez point dans le cas d'appliquer contre vous
la disposition portée par l'article 20 de la loi du
19 Thermidor dernier contre les citoyens qui refuse-
raient les fonctions de juré.

« Salut et fraternité.

« ALEXIS LE GRAVEREND, LABBÉ, LEJAC. »

En 1802, le Conseil municipal, qui avait vu rentrer Leperdit dans son sein, s'empressa, aux premiers bruits de la création d'une Légion d'honneur, d'adresser au gouvernement la délibération suivante :

« Considérant qu'au moment où le gouvernement
« s'occupe de la formation d'une Légion d'honneur, il
« est de son devoir de lui faire connaître ceux de ses
« concitoyens qui ont des droits à la reconnaissance
« publique pour les services qu'ils ont rendus à la com-
« mune pendant la Révolution ; considérant qu'un des
« moyens les plus sûrs pour multiplier les belles ac-
« tions, donner lieu à de nouveaux actes de courage
« et de dévoûment, et ranimer le patriotisme, est de
« mettre au grand jour la conduite de ceux qui se sont
« généreusement dévoués pour l'intérêt général, pen-
« dant les jours désastreux du gouvernement révolu-
« tionnaire, et de leur prouver de la reconnaissance, en
« réclamant pour eux le témoignage de la gratitude
« nationale ; considérant que le citoyen Leperdit, maire
« de Rennes sous le régime de la Terreur, et dans l'an
« III, a, pendant ce temps, totalement négligé les in-
« térêts de sa famille pour s'occuper de ceux de ses
« concitoyens ; qu'il s'est opposé de tout son pouvoir
« aux actes du Comité et de la Commission révolution-
« naires, et que les effets de son zèle n'ont pu être
« arrêtés, ni par les dénonciations de ces autorités, ni
« par les menaces et les arrêtés des représentants du
« peuple, et que son courage et sa fermeté ont sauvé la
« vie à plusieurs citoyens : — Arrête, d'inviter le Gou-
« vernement et le Sénat conservateur à comprendre le

« citoyen Leperdit dans la formation de la Légion
« d'honneur. » (Registres de l'an X.)

Cette démarche resta sans effet.

Napoléon vint à Nantes en 1808, et Leperdit fut
désigné pour faire partie de la députation envoyée pour
le féliciter.

La physionomie franche de l'ancien Maire de Rennes
attira l'attention de l'Empereur qui s'approcha de lui
et lui demanda son nom.

« Leperdit, tailleur. »

Napoléon surpris demanda des explications qu'on lui
donna.

Il revint alors près du conseiller municipal rennais
et lui dit brusquement :

« Que pense le peuple de moi ?

— Il vous admire.

— Est-ce tout ?

— Oui.

— On me reproche donc quelque chose ?

— Votre despotisme.

— Merci ; j'aime la franchise. » Et l'attirant dans
l'embrasure d'une fenêtre, il l'entretint à voix basse
pendant près d'une heure. Leperdit répondit à toutes
les questions qui lui furent posées en laissant voir ses
opinions franchement républicaines. Il repoussa même
la proposition que lui fit l'Empereur de le nommer che-
valier de la Légion d'honneur.

En le voyant s'en aller, Napoléon murmura : « Tête
de fer ! »

Le soir même M. le marquis de Blossac, qui s'était
montré plus soumis, fut décoré.

MAISON DE LEPERDIT (Contour Saint-Aubin).

Aux Cent jours, malgré ses soixante-deux ans, le vieillard se para de sa vieille cocarde et partit avec les fédérés au secours de Nantes menacé.

Napoléon, qui aurait dû, en raison des services rendus par Leperdit, le rappeler à ses anciennes fonctions, le laissa dans l'oubli; Louis XVIII, au contraire, qui n'avait rien à attendre de lui, le comprit sur la première liste de conseillers municipaux qu'il signa à son retour en France.

Mais l'ancien Maire refusa de prêter serment.

Le Préfet le fit appeler et lui dit : « Prenez garde, on ne se montre pas impunément hostile envers Sa Majesté.

— Vous êtes bien jeune, Monsieur, pour me donner des leçons.

— Vous prêterez serment, ou nous verrons.

— Jamais.

— Vous levez la tête bien haut.

— C'est que je n'ai rien dans ma vie qui puisse me la faire baisser. »

A partir de ce moment, l'honorable citoyen cessa de s'occuper des affaires de son pays.

Ses dernières années nous remplissent le cœur de tristesse.

« Que de fois l'ai-je vu », dit Souvestre, « assis sous les tilleuls de la *place aux arbres,* les yeux tournés vers ce grand édifice du *Présidial,* où il avait siégé aux plus terribles jours de la Révolution! Ah! sans doute, qu'en contemplant le théâtre de tant de nobles angoisses, de généreuses espérances et de sublimes dévouements, d'amères pensées descendaient dans son âme! Sans doute qu'il se demanda plus d'une fois à quoi avaient servi tant d'efforts! »

A soixante-onze ans, réveillé par les cris : Au feu, il court à l'incendie comme un jeune homme, va aux endroits les plus dangereux et reçoit une blessure qui fut cause de sa mort.

Un immense chagrin vint encore attrister ses derniers moments : son gendre, M. Ferail, impliqué dans la conspiration Berton, avait été condamné à mort. Leperdit ne l'apercevant pas près de son lit avec ses autres enfants, demanda à le voir. On voulut lui cacher la vérité, mais il la devina. « Que Dieu leur pardonne! » dit-il. Ce furent ses dernières paroles.

La ville qu'il avait administrée ne s'occupa pas de ses funérailles, et ses amis durent faire appel à la générosité publique pour lui élever une colonne de granit dans le cimetière. On y lit ces mots :

LEPERDIT

ANCIEN MAIRE DE RENNES

DOYEN DES TAILLEURS

1752-1823.

M. Marin-Jouaust prononça un discours sur sa tombe.

Voici l'acte de décès du vénérable patriote, tel qu'il est libellé sur les registres de l'État civil. Cet acte constate qu'il est mort en 1823 et non en 1825, comme on l'a toujours écrit :

« Le quatre août mil huit cent vingt-trois, à dix heures et demie du matin, devant nous officier public, ont comparu : Joseph Coquaud, tailleur, âgé de quarante-deux ans, demeurant rue aux Foulons, et Jean-Marie Bouche, sépulteur, âgé de trente-trois ans, demeurant rue Baudrairie, lesquels nous ont déclaré que M. Jean Leperdit, âgé de soixante-onze ans trois mois, tailleur, natif de Pontivy, département du Morbihan, fils d'Olivier Leperdit et de Marie Lepliant, époux de dame Guillemette-Perrine Poupin, ex-maire de Rennes, est décédé hier à midi en sa demeure, rue contour Saint-Aubin. Et ont les témoins signé avec nous après lecture.

« Signé au registre : Coquaud, Bouche et Rapatel, adjoint. »

Dans une délibération du Conseil municipal de la ville de Rennes, portant la date du 26 novembre 1879, et ayant trait à la décoration de la niche centrale de l'Hôtel de Ville, on trouve un rapport de l'honorable M. Foucqueron, ainsi conçu :

« La Commission des beaux-arts a examiné sommairement quelques études déjà faites par des artistes de talent ; mais elle a préféré à toute décoration allégorique la statue en marbre ou en bronze d'une des illustrations de notre ville, son choix s'est arrêté sur l'un de nos concitoyens dont le souvenir est resté vivant au plus profond du cœur de nos patriotiques populations. Le nom de Leperdit ne pouvait manquer de rallier tous les suffrages, parce qu'il signifie à la fois amour de la Patrie et de la Liberté, culte de l'humanité, énergie toute bretonne et désintéressement absolu. »

Le Conseil municipal de 1879 n'accueillit pas la proposition de la Commission.

D'autres hommes de cœur ont repris cette question et vont enfin arriver, espérons-le, à faire ériger sur l'une de nos places une statue à l'une des gloires les plus pures de notre Bretagne.

Ce sera un beau jour pour Rennes et nous pourrons dire avec M. Hamon :

« Ce monument est un signe de paix et de fraternité, car si Leperdit a mérité la reconnaissance de la ville, c'est que dévoué aux principes de la Révolution, il sut les conserver purs de toute souillure ; lorsque autour de lui, d'affreux proconsuls faisaient couler des flots de sang, Leperdit osa arracher sa ville natale à leur fureur, et sauver au péril de ses jours des victimes innocentes. »

AD. ORAIN.

RENNES, ALPH. LE ROY, IMPRIMEUR BREVETÉ.

9 782329 339672